Pia Deges

Knallbunte Weihnachten

Über 40 Ideen
zum Basteln, Spielen und Backen

Inhalt

Tipps & Tricks auf Seite 4 und 5

Vorfreude

Glücksgeschenke

Zuckerbäckerei

Oh Tannenbaum

Spielerei

Silvesterkracher

Vorlagen
ab Seite 100

Tipps & Tricks

Aufgepasst!

- Egal, ob du auf dem Boden oder deinem Tisch arbeitest, decke immer alles gut ab. Alte Zeitungen, Kartons, Wachstischdecke und sogar aufgeschnittene Müllbeutel eignen sich dafür.
- Lege dir ein paar Wischlappen zurecht, falls mal etwas daneben geht oder deine Finger kleben.
- Acrylfarbe kannst du prima auf Papptellern anmischen. Wenn du Einweghandschuhe anziehst, werden nur deine Modelle, nicht deine Finger kunterbunt!
- Schaschlikstäbchen und auch Zahnstocher eignen sich hervorragend um Sachen aufzupieksen, damit man sie dann leichter bemalen kann. Auch Klebstoff oder Farbe kannst du damit prima dosieren oder fummelige Kleinteile (wie z.B. Pailletten oder Wackelaugen) an Ort und Stelle rücken.
- Heißklebepistolen und Cutter gehören besser in die Hände von Erwachsenen!
- Geschenkpapierreste mit Weihnachtsmotiven kannst du ebenso wie Stoffreste für viele Projekte gut gebrauchen.

Schablonen herstellen

Für viele Bastelideen findest du hinten im Buch Vorlagen. Manchmal must du sie auf die gewünschte Größe kopieren. Aber wenn das geschafft ist, kannst du loslegen mit deiner Schablone. Lege einen Bogen Transparentpapier auf das gewünschte Motiv und übertrage mit einem Bleistift alle benötigten Teile.

Jetzt kannst du das Transparentpapier auf hellen Fotokarton kleben und deine Teile sauber ausschneiden. Das gelingt besonders gut mit der Schere oder einem Cuttermesser.

Als Nächstes legst du deine Schablone seitenverkehrt auf den Fotokarton und umfährst die äußeren Konturen wieder mit einem Bleistift. Jetzt musst du nur noch die Motive ausschneiden.

Wenn du deine Schablone auf Stoff übertragen möchtest, legst du die Schablone auf die vorbereitete glatte Stoffrückseite und umrandest sie mit einem Bleistift. Dann kannst du sie ausschneiden.

Bügelflies

Für einige Projekte im Buch kannst du Bügelflies gut brauchen. Es „verklebt“ zwei Stoffe miteinander, ohne dass du zur Nähnadel greifen musst.

Zuerst erstellst du eine Vorlage von deinem Motiv. Diese kannst du dann auf Stoff oder auch auf Bastelfilz übertragen. Schneide alle Einzelteile aus und pause sie auf die Papierseite vom Bügelvlies ab.

Dann schneidest du alles grob aus. Den Bügelvlies legst du mit der rauen Seite auf die linke Stoffseite und bügelst ihn 3–4 Sekunden trocken auf. Nun schneidest du dein Motiv genau aus und ziehst das Trägerpapier ab.

Danach wird das Stoffstück mit der beschichteten Seite nach unten auf die passende Stelle gelegt. Decke alles mit einem feuchten Tuch ab und bügele das Stoffstück mit leichtem Druck ca. 8-10 Sekunden auf. Anschließend sollte der Stoff 20 Minuten flach liegend auskühlen.

Vorfreude

Flippige Filzstiefel ★ Henkelfreunde ★ Vogelfutterstation Deluxe ★ Coole Weihnachts-Shirts
Hosentaschen-Adventskranz ★ Schneemannleuchte ★ Abschnibbel-Kalender
Kuschel-Tannenbaum ★ Nikolausschachtel

Flippige Filzstiefel

Material

- Bastelfilz in Gelb, Pink, Hellgrün und Türkis, 3,5 mm stark
- Bastelfilzreste, 40 cm x 50 cm
- Satinband in Gelb, Pink, Hellgrün und Hellblau, 6mm breit, je 25 cm lang
- Borten- und Bänderreste
- Pompons in verschiedenen Farben und Größen
- Filzelement zum Aufbügeln
- Stecknadeln
- Nähnadel, evtl. Nähmaschine
- Garn
- Schere
- Alleskleber

Vorlage Seite 100

Für die Füllung ist der Nikolaus zuständig!

1. Zuerst machst du eine Vorlage für deinen Stiefel. Dann legst du die Filzlappen doppelt, steckst sie mit Stecknadeln fest, zeichnest den Stiefel auf und schneidest ihn aus.

2. Jetzt kannst du anfangen die Nähnadel zu schwingen. Nähe gleichmäßig am Rand entlang. Das geht am Einfachsten mit der Nähmaschine, funktioniert aber auch mit einer Nähnadel.

3. Als Nächstes stülpst du den Stiefel um. Das Satinband nähst du als Schlaufe am oberen Rand des Stiefels in der hinteren Ecke fest.

4. Nun kommt das Schönste: das Dekorieren! Alles ist erlaubt. Bänder aufkleben, Aufbügler aufbügeln, aus Filz Tannenbäume, Sterne oder Blumen ausschneiden und aufkleben. Im Nu hast du einen flippigen Filzstiefel, der sich sehen lassen kann!

Tipp

Natürlich ist so ein Filzstiefel auch eine tolle Geschenkverpackung. Ob Plätzchen, Stifte oder selbstgemachte Kunstwerke – hier passt vieles rein.

Henkelfreunde

Mit leckerem Süßkram im Bauch

1. Zuerst schneidest du von den Toilettenpapierrollen an einer Seite je einen ca. 1 cm breiten Streifen ab. Der so entstandene Kreis wird aufgeschnitten und als Henkel links und rechts an einem Ende der Toilettenpapierrolle mit dem Tacker befestigt. Das andere Ende der Rolle drückst du platt und tackerst es zu.
2. Dann wird angemalt: eine Rolle Rot, eine Weiß und eine Gelb. Zeichne vorher mit Bleistift Gesichter für den Nikolaus und den Engel auf und male diesen Bereich mit rosa Farbe an.
3. Nun kannst du aus Filzresten die Einzelteile für deine Henkelfreunde zurechtschneiden und sie wie abgebildet aufkleben. Für den Engel schneidest du aus Glitterpapier Flügel und einen kleinen Halter für den Stern zurecht. Dann verschönerst du ihn noch mit Weihnachts-Pailletten.
4. Zum Schluss bekommen die drei noch lustige Gesichter aufgemalt, dann kannst du sie befüllen, z. B. mit Zuckerstangen, Schokolade oder kleinen Überraschungen.

Material

- 3 leere Toilettenpapierrollen
- Filzreste in Weiß, Gelb, Rosa, Rot, Schwarz und Hellblau
- Acrylfarbe in Weiß, Gelb, Rot, Rosa
- Scrapbooking-Papierrest, Glitter
- Paillettenmix Weihnachten
- Filzstift in Rot, Schwarz und Blau
- Tacker
- Schere

Vorlage Seite 100

Tipp

Die Henkelfreunde hängen gerne am Tannenbaum, verschönern Geschenke oder baumeln als kleiner Gruß an der Türklinke der Nachbarn.

Vogelfutterstation Deluxe

Auch Vögel möchten an Weihnachten schick essen gehen

1. Bevor es losgeht, solltest du den Getränkekarton gut reinigen, damit keine Lebensmittelreste beim Basteln stören. Dann kannst du ein Fenster auf der Vorder- und Rückseite einzeichnen. Lass mindestens 7 cm Abstand zwischen Boden und Fensterunterkante, damit du später genügend Vogelfutter hineinfüllen kannst.

2. Die Fenster schneidest du mit dem Cuttermesser aus. Nun kannst du dich an den Anstrich machen. Trage zuerst eine Schicht blaue Acrylfarbe auf. Ist diese getrocknet, verschönerst du das Häuschen mit weißer Acrylfarbe. Später braucht dein Vogelhäuschen noch einen weiteren Anstrich mit Klarlack, damit es auch wetterfest ist.

3. Die dünnen Äste brichst du in kleine Stücke. Achte dabei darauf, dass alle Teile etwa gleich lang sind. Sie sollten ein bisschen über den Getränkekartonrand hinausragen. Jetzt klebst du sie mit Heißkleber auf der Oberseite des Getränkekartons fest, sodass ein Dach entsteht.

4. Säge das Stielende von einem Holzpinsel nach ca. 7 cm ab und lackiere es mit Klarlack. Mit dem Henkellocheisen machst du ca. 2 cm unter der unteren Fensterkante mittig ein Loch. Dort wird der Holzstiel hineingesteckt und mit Heißkleber auf der Innenseite des Kartons befestigt.

5. Nun fehlt noch die Aufhängung. Dafür stichst du mit einer spitzen Schere oder Nadel mittig ein Loch durch die Getränkekartonspitze, fädelst die Wäscheleine hindurch und verknotest sie an den Enden miteinander. Zum Schluss füllst du das Vogelfutter hinein und suchst dir für dein Futterhäuschen einen geeigneten Ort im Baum oder Stauch.

Material

- Getränkekarton, 1 l
- Acrylfarbe in Hellblau und Weiß
- Klarlack
- kleine Äste
- Wäscheleine gummiert, ca. 50 cm lang
- Pinsel mit Holzstiel
- Cuttermesser
- Heißklebepistole
- Henkellocheisen, ø 8 mm
- Vogelfutter

Coole Weihnachts-Shirts

Material

- T-Shirts in Weiß und Grün
- Bastelfilz in Schwarz, Orange, Hellbraun, Dunkelbraun, Rot, Beige und Hellblau, je 20 cm x 30 cm
- Bügelvlies (beidseitig haftend), 50 cm x 45 cm
- Schere
- Bügeleisen

Vorlage Seite 101

Dein Look für die Weihnachtszeit

1. Zuerst erstellst du eine Vorlage von Schneemann- und Rentiergesicht. Diese kannst du dann auf deinen Bastelfilz übertragen.

2. Schneide die Einzelteile aus und pause sie auf die Papierseite vom Bügelvlies ab. Alles grob ausschneiden. Jetzt legst du den Bügelvlies mit der rauen Seite auf die linke Filzseite und bügelst ihn 3–4 Sekunden trocken auf.

3. Schneide dein Motiv genau aus und zieh das Trägerpapier ab. Danach wird der Filz mit der beschichteten Seite nach unten auf die passende Stelle gelegt.

4. Alles mit einem feuchtem Tuch abdecken und dann das Filzstück mit leichtem Druck ca. 8–10 Sekunden aufbügeln. Auf diese Weise Stück für Stück aufbügeln, bis das Motiv vollständig ist. Danach sollte dein T-Shirt 20 Minuten flach liegend auskühlen, bevor du es anziehst.

Tipp

Das Ganze sieht natürlich auch mit Tannenbaum, Schneeflocke, Engel oder einfach „Fröhliche Weihnachten“ toll aus!

Frohe Weihnachten

Hosentaschen-Adventskranz

Immer und überall einsetzbar

1. Für diesen genialen Hosentaschen-Adventskranz malst du zuerst die Streichholzschachtel in deiner Lieblingsfarbe an und lässt sie gut trocknen.

2. Dann ist deine Fantasie gefragt. Vielleicht klebst du einen Tannenbaum auf, zauberst ein Papiersternchen als Verschönerung oder bemalst die Schachtel mit einem Adventskranz. Bestimmt fallen dir noch viele andere Varianten ein!

3. Mit Hilfe der Ösenzange knipst du die vier Ösen in die Streichholzschachtel. Sie sind dann die Kerzenständer.

4. Die Geburtstagskerzen stutzt du mit einer Schere so zurecht, dass sie von ihrer Länge her in die Schachtel passen. Es kann sein, dass du sie am Ende mit dem Anspitzer ein wenig anspitzen musst, bevor sie in die Ösen passen.

Material

- Streichholzschachteln
- Acrylfarbe in Pink, Gelb und Hellblau
- Ösenzange und Ösen, ø 4,5 mm
- Tonpapierreste
- Geschenkpapierreste
- Geburtstagskerzen
- Schere
- Alleskleber

Tipp

Jetzt musst du nur noch jede Woche eine Kerze rausnehmen und anzünden! Erst eins, dann zwei, dann drei, dann vier... dann steht das Christkind vor der Tür. Endlich!

Schneemann-Leuchte

Material

- Plastikflasche, 1,5 l
- Acryllackfarbe in Weiß
- Pompons gemischt, ø 2 cm
- 2 Pompons in Hellblau, ø 4 cm
- Styroporring, ø 12 cm
- Frotteestoff in Hellblau, 15 cm x 25 cm
- 2 Stück Chenilledraht in Hellblau, 30 cm lang
- Moosgummi in Schwarz, 10 cm x 20 cm
- Filzrest in Orange
- doppelseitiges Klebeband, transparent, 0,7 cm breit
- Wollfaden, 45 cm lang
- Cuttermesser
- Alleskleber
- Schere
- Nadel
- LED-Teelicht

Vorlage Seite 101

Schmilzt garantiert nicht!

1. Zuerst lackierst du die Flasche weiß. Dann schneidest du mit einem Cuttermesser 5 cm vom Boden ab. Drücke die Flasche auf einen Styroporring und schneide den Abdruck mit dem Cuttermesser weiter ein. So lässt sich der Flaschenboden in den Ring stecken und festkleben.

2. Klebe den einen Chenilledraht um den unteren Teil der Flasche herum, das sorgt für mehr Standfestigkeit.

3. Jetzt fädelst du bunte Pompons mit einer dicken Nadel auf den Wollfaden auf. Damit sie nicht herunterrutschen, vorher am Fadenende einen Knoten machen. Stecke je ein Ende von dem zweiten Chenilledraht durch einen dicken Pompon und biege den Draht am Ende leicht um, sodass er nicht mehr herausrutschen kann.

4. Jetzt braucht der Schneemann noch ein Gesicht. Für den Mund schneidest du fünf Kreise aus Moosgummi aus. Auch die Augen werden aus Moosgummi ausgeschnitten, die Nase aus orangefarbenem Filz. Dann klebst du alle Einzelteile an.

5. Um den Flaschenkopf klebst du, mit ca. 8 cm Abstand zur Öffnung, einmal doppelseitiges Klebeband um die Flasche herum. Der Frotteestoff wird an einer Längsseite einmal umgeschlagen und dann mit dieser Kante auf das Klebeband geklebt.

6. Den über den Kopf ragenden Stoffstreifen kannst du jetzt mit einem Stück Wolle zu einer Mütze zusammenbinden. Nur noch die Ohrwärmer aus Pompons ankleben und schon kann dein Schneemann seinen Dienst antreten. Dafür das LED-Teelicht in die Mitte des Styroporkreises stellen und anschalten.

Tipp

Statt des LED-Teelichts funktioniert natürlich auch prima eine Lampenfassung mit Glühbirne. Und ohne Lampe kann eine lustige Geschenkverpackung daraus werden!

Abschnibbel-Kalender

Material

- Fotokarton in Weiß, A4
- Washi-Tape, verschiedene Muster, 1 cm breit
- Stoffreste
- Klebeband gemustert, 1 cm breit
- Webbandreste
- 2 Kunststoffanhänger: Stern flach, ø 9,5 cm
- Häkelblume
- Bilderhaken, ø 32 mm
- Schere
- Alleskleber
- Klebestift

So kommst du beim Tagezählen nicht durcheinander

1. Schneide zuerst einen Streifen aus Fotokarton zurecht. Er sollte 30 cm lang und 6 cm breit sein. Im Abstand von 1 cm zeichnest du 24 Markierungen auf.

2. Auf jedes 1 cm x 6 cm große Feld klebst du nun Stoffreste, Washi-Tape, buntes Klebeband oder Webbänder auf. Dann trägst du die Zahlen von 1 bis 24 ein oder du schneidest sie aus und klebst sie auf.

3. Die Plastiksterne beklebst du mit Stoffresten. Dafür mit dem Klebestift je einen Plastikstern auf etwas Stoff kleben und grob ausschneiden. Die Stoffränder einschneiden, umklappen und auf der Rückseite ankleben.

4. Den einen Stern klebst du auf den Fotokarton oberhalb der 24, den zweiten versetzt darüber. Die seitlichen Reste vom Fotokarton vorsichtig abschneiden und den Stern mit der Häkelblume verzieren. Zum Schluss kommt an die Hinterseite des Sterns noch ein Bilderhaken. Jetzt kannst du jeden Tag einen Streifen „abschnibbeln“ und hast die Zeit bis Weihnachten immer im Blick.

24
23
22
21
20
19
18
17
16
15
14
13
12

Kuschel-Tannenbaum

Mit Geheimfach für den Wunschzettel

1. Zu Anfang kopierst du die Tannenbaum-Vorlage auf die gewünschte Größe und überträgst sie zweimal auf den Frotteestoff. Zeichne zusätzlich ringsherum 1 cm Nahtzugabe ein und schneide dann alles entlang der äußersten Linie aus.

2. Den Stamm aus Nickystoff ebenfalls mit 1 cm Nahtzugabe aufzeichnen und zurechtschneiden. Den Bastelfilz für das Wunschzettelfach zuschneiden und auf eine rechte Tannenseite mittig aufnähen. Nur seitlich und unten festnähen, damit du oben deinen Wunschzettel einstecken kannst.

3. Nun jeweils einen großen und einen kleinen Stern aus Bastelfilz zurechtschneiden, auf die raue Seite vom Bügelvlies legen und 3–4 Sekunden trocken aufbügeln. Schneide das überstehende Vlies weg und ziehe das Trägerpapier ab. Danach die Sterne (kleiner und großer Stern übereinander) mit der beschichteten Seite nach unten auf die gewünschte Stelle legen. Nun alles mit einem feuchtem Tuch abdecken und mit leichtem Druck ca. 8–10 Sekunden aufbügeln.

4. Jetzt wird zusammengesetzt! Zuerst nähst du den Stamm an die Frotteetanne, dafür legst du die rechten Seiten aufeinander. Danach legst du die beiden Tannenbaumseiten rechts auf rechts und nähst sie zusammen. Lass einen ca. 8 cm großen Schlitz an einer Tannenseite offen. Hierdurch ziehst du die fertig genähte Tanne wieder auf rechts.

5. Dann stopfst du deinen Baum mit Füllwatte aus. Zum Schluss nähst du die Lücke per Hand mit Nadel und Faden zu – und jetzt loskuscheln!

Material

- Frotteestoff in Hellgrün, 120 cm x 60 cm
- Nickystoff in Grün, 20 cm x 35 cm
- Bastelfilz in Petrol, 12 cm x 12 cm
- Bastelfilz in verschiedenen Farben, je 10 cm x 10 cm
- Füllwatte
- Bügelvlies, beidseitig haftend, 50 cm x 45 cm
- Nähmaschine
- Nähnadel
- Stecknadeln
- Nähgarn in Grün
- Schere

Vorlage Seite 101

Tipp

Deinen Wunschzettel steckst du ins Geheimfach und bestimmt ist er irgendwann von dort verschwunden...

Nikolausschachtel

Kleine Geschenke schön verpackt

1. Zuerst überträgst du die Vorlage für den Nikolausgrundkörper und den Bart auf weißen Fotokarton und schneidest alles aus. Dann wiederholst du das Ganze noch einmal mit rotem Fotokarton für den Bauch.

2. Beklebe den weißen Grundkörper mit rotem Filz, sodass Mütze und Arme später zum Bauch passen. Auf die Schuhe kommt schwarzer Filz. Überreste werden einfach abgeschnitten.

3. In das ausziehbare Kästchen der Streichholzschachtel stichst du in eine der kurzen Seitenwände mittig ein Loch. Das machst du am besten mit einer spitzen Nadel mit eingefädelter Schnur. Dann musst du den Faden nicht nachträglich durchfädeln und kannst in der Schachtel gleich einen Knoten machen, sodass die Schnur nicht herausrutschen kann. Auf das andere Schnurende fädelst du eine Holzperle auf und machst ebenfalls einen Knoten.

4. Nun schiebst du das Kästchen zurück in die Schachtel und klebst diese auf den Nikolausgrundkörper.

5. Jetzt geht's ans Verschönern! Klebe den roten Fotokartonbauch vorn auf die Schachtel. Dann malst du mit schwarzem Filzstift einen dicken Nikolausgürtel darauf. Auf diesen kannst du eine Schnalle aus gelbem Filz kleben. Noch zwei Knöpfe aus gelbem Filz, dann klebst du im oberen Teil der Schachtel den Bart auf. Anschließend kannst du dem Nikolaus ein Gesicht malen.

6. Mit einem Cuttermesser halbierst du die kleine Styroporkugel, malst sie rosa an und klebst sie als Nase auf. Zum Schluss halbierst du die große Styroporkugel und klebst sie als Bommel oben an die Mütze. Fertig!

Material

- Streichholzschachtel, 11 cm x 6 cm x 2 cm
- Fotokarton in Rot und Weiß, A4
- Bastelfilzreste in Gelb und Schwarz
- 1 Styroporkugel, ø 3 cm
- 1 Styroporkugel, ø 1 cm
- Filzstift in Schwarz, Rot und Rosa
- Schnur- oder Fadenrest
- Holzperle
- Alleskleber
- Schere
- Cuttermesser

Vorlage Seite 102

Tipp

Jetzt kannst du dich um die Überraschung im Nikolausbauch kümmern. Wie wäre es mit Schokokugeln, kleinen Stiften oder Aufklebern?

Glücksgeschenke

Glitzerknete ★ Kerzenengel ★ X-Mas-Anstecker ★ Glasmagnete ★ Wachsmaler-Recycling
Wärme-Vögelchen ★ Handschuhfreude ★ Krippenkiste ★ Oberengel

Glitzerknete

Weihnachtlicher Knetspaß

1. In einer Schüssel vermischst du das Mehl zusammen mit dem Salz und dem Alaunpulver. Erhitze das Wasser und gib 3 EL Öl hinein. Diese Flüssigkeit schüttest du dann langsam in dein Mehl-Salz-Gemisch.
2. Jetzt musst du gut durchrühren, bis die Knete lauwarm geworden ist. Teile sie in fünf gleich große Portionen. Dann vermengst du die Lebensmittelfarben mit jeweils einem Teelöffel Öl und 2 zwei Eßlöffeln Glitter und knetest sie mit Einweg-handschuhen unter die einzelnen Portionen.
3. Wichtig ist, dass du deine Knete luftdicht verpackst (z. B. in einer Plastiktüte), so bleibt sie schön lange geschmeidig.

Material

- 400 g Mehl
- 200 g Salz
- 2 EL Alaunpulver (ca. 10 g – Gibt's in der Apotheke!)
- 0,5 l kochendes Wasser
- 3 EL Öl
- 5 TL Öl
- Je 1 EL Lebensmittelfarbe in Rot, Gelb, Grün und Blau
- 1 Dose Glitter
- Einweghandschuhe

Tipp

Man kann auch Kunstwerke aus der Knete formen und diese dann trocknen lassen. Sie werden so hart wie Salzteig. Wenn du direkt einen Weihnachtsausstecher dazu schenkst, lassen sich daraus auch prima Anhänger für den Tannenbaum basteln.

Kerzenengel

Kunterbunte Tauchkunst

1. In einem Topf löst du weißes Wachs zusammen mit farbiger Wachsmalkreide auf.
2. Jetzt kannst du die Spitzkerzen kurz in das Wachs tauchen und die farbige Schicht anziehen lassen. Vielleicht tauchst du noch ein zweites und drittes Mal, je nachdem, wie intensiv du die Verfärbung haben möchtest. Wenn du Lust hast, kannst du auch mehrfarbig arbeiten.
3. Nun lässt du alles gut aushärten.
4. Zum Schluss schneidest du aus Fotokarton die Engelsflügel zurecht und klebst die Flügel mit Klebekissen hinten an die Kerze.

Material

- 3 Spitzkerzen
- Wachs in Weiß (z.B. 5 Teelichter)
- Wachsmalkreide (hergestellt auf Bienenwachsbasis) in Hellblau, Pink und Gelb
- Fotokartonreste in Hellblau, Rosa und Gelb
- 3D-Klebekissen doppelseitig, 3 mm x 2 mm
- Schere

Vorlage Seite 103

Tipp

Schreib doch noch eine persönliche Nachricht auf die Flügel, bevor du sie verschenkst!

X-Mas-Anstecker

Material

- Kronkorken
- Broschennadel, 19 mm lang,
- Geschenkpapierreste mit Weihnachtsmotiven
- Fotokartonreste
- Bleistift
- Alleskleber
- Schere

Last-Minute-Geschenkidee

1. Lege deine Kronkorken mit der Oberseite auf ein schönes Motiv auf dem Geschenkpapier. Nun umkreist du den Kronkorken einmal mit einem Bleistift und schneidest das Motiv aus.
2. Dann klebst du den Kreis auf ein Stück Fotokarton und schneidest ihn wieder aus. So ist er etwas stabiler.
3. Klebe jetzt das Motiv in die Kronkorkeninnenseite und lass alles gut trocknen. Dann drehst du den Kronkorken um und klebst auf die Oberseite eine Broschennadel auf. Fertig ist das Geschenk!

Tipp

Im Nu lassen sich ganz viele dieser Anstecker herstellen. Du kannst aber auch Magnete statt Broschennadeln hinten draufkleben und damit den Kühlschrank dekorieren.

Glasmagnete

Material

- Glasnuggets, klar transparent, ø 2 cm
- Glasnuggets, klar transparent, ø 3 cm
- Magnete, ø 1,5 cm
- Geschenkpapierreste
- Alleskleber, transparent trocknend
- Schere
- Cuttermesser

Ruck, zuck fertig!

1. Klebe die Glasnuggets mit einer guten Portion Alleskleber auf die gewünschte Geschenkpapierstelle. Dann lass alles gut trocknen.
2. Alle überstehenden Papierreste schneidest du mit dem Cuttermesser vorsichtig weg.
3. Zum Schluss klebst du auf die Rückseite der Nuggets mit Alleskleber Magnete und lässt wieder alles gut trocknen.

Tipp

Eine Handvoll davon hübsch verpacken und Freunde, Eltern oder Oma damit glücklich machen!

Wachsmaler-Recycling

Material

- Wachsmalkreide-Reste
- Silikon-Muffinform mit Weihnachtsmotiven
- Messer
- Holzbrett

Dicke Malklötze selbst gemacht

1. Zuerst musst du das Papier restlos von der Wachmalkreide entfernen. Dann zerkleinerst du die Kreide mit einem Messer und heizt den Backofen auf 220° vor. Wenn du möchtest, kannst du die Wachsmalerstückchen farblich sortieren.

2. Gib die Wachsmalstückchen in die Muffinform und schiebe sie für ca. 10 Minuten in den Backofen. Warte, bis die Wachsmaler restlos geschmolzen sind.

3. Dann kannst du sie vorsichtig herausnehmen (am besten lässt du dir dabei von einem Erwachsenen helfen). Gründlich abkühlen lassen, bis alles zu einem festen Block erstarrt ist. Jetzt kannst du die neuen Wachsmaler-Sterne aus der Form herausdrücken.

Tipp

Zusammen mit einem schönen Wachsmalkreide-Bild verpackt, ist das ein tolles Geschenk!

Frohe Weihnachten

Wärme-Vögelchen

Gegen klirrende Kälte

1. Zuerst fertigst du Vorlagen von deinen Vögelchen an, überträgst sie auf Filz und schneidest sie aus. Die Flügel schneidest du aus Stoffresten aus. Lege die raue Seite vom Bügelvlies auf die linke Stoffseite und bügele 3–4 Sekunden trocken darüber.

2. Dann schneidest du die Flügel vorsichtig aus, ziehst das Trägerpapier ab und legst es mit der beschichteten Seite nach unten auf die gewünschte Stelle. Mit einem feuchten Tuch dazwischen 8–10 Sekunden aufbügeln.

3. Jetzt kannst du die Augen aufsticken. Die Mütze wird am Kopf festgenäht (rechts auf rechts). Dabei solltest du auf Parallelität bei beiden Vögeln achten!

4. Als Nächstes legst du die Vögel links auf links und vernähst dann den Körper. Am einfachsten geht das mit der Nähmaschine. Hinten am Schwanz lässt du ein ca. 1,5 cm großes Stück offen. Durch das Loch füllst du mit einem Trichter Dinkelkerne ein und nähst es dann per Hand mit Nadel und Faden zu.

5. Die weißen Bommel werden, wie schon die Flügel, mit Bügelvlies an die Mützenspitze gebügelt.

Material

- Bastelfilz in Hellgrün, Rosa, Rot und Weiß, A4
- Stoffreste, bunt
- Stickgarn in Hellgrün und Hellblau
- Bügelvlies, beidseitig haftend, 10 cm x 20 cm
- Dinkelkörner
- Nähgarn
- evtl. Nähmaschine
- Schere

Vorlage Seite 102

Tipp

Damit das Weihnachtsvögelchen auch wärmt, kommt es für 30 Sekunden in die Mikrowelle.

Handschuhfreude

Kuscheliges Geschenk für kalte Tage

1. Zuerst fertigst du eine Vorlage an. Lege deinen Fleecestoff doppelt. Die gerade Seite der Vorlage legst du an die Falte in deinem Stoff. Jetzt überträgst du die Vorlage zweimal mit 1 cm Nahtzugabe auf deinen Fleecestoff und schneidest sie aus.

2. Richte die beiden Handschuhe (immer noch doppelt liegend) so vor dir aus, dass ein Daumen nach rechts und einer nach links zeigt. Schneide dann dein Webband zurecht und lege es der Länge nach mittig auf deine Handschuhoberflächen. Damit du das Band besser festnähen kannst, musst du es mit Stecknadeln feststecken. Oben und unten klappst du jeweils die Webbandenden nach hinten um und steckst sie auf der Innenseite mit Stecknadeln fest.

3. Nun nähst du mit der Nähmaschine mit geradem Stich auf beiden Seiten der Webbandränder entlang. Deine Garnfarbe sollte mit der Farbe des Webbandes übereinstimmen. Achtung, beim Nähen darf der Fleecestoff nicht mehr doppelt liegen!

4. Danach klappst du deine Handschuhe so, dass die linke Seite außen liegt. Jetzt kannst du den seitlichen Teil ober- und unterhalb des Daumens zusammen nähen. Drehe die Handschuhe wieder auf rechts und schon hast du ein kuscheliges Geschenk genäht!

Material

- Fleecestoff in Hellblau, Weiß und Rosa, 40 cm x 90 cm
- Webbänder, je 70 cm lang
- Nähmaschine
- Stecknadeln
- Nähgarn in passenden Farben

Vorlage Seite 103

Krippenkiste

Überraschende Weihnachtskunst

1. Zuerst schneidest du für den Hintergrund aus blauem Fotokarton ein Rechteck in den Maßen des Schachtelbodens zurecht und klebst es ein.
2. Jetzt lässt du deiner Fantasie freien Lauf und zeichnest mit Bleistift deine Krippenfiguren auf weißen Fotokarton. Maria, Josef, das Christkind, vielleicht ein Engelchen, Ochs und Esel, ein Stall – bestimmt fällt dir viel ein. Lass genügend Abstand zwischen deinen Figuren.
3. Male alle Figuren mit Buntstift bunt an und schneide sie aus. Dabei lässt du jeweils ein ca. 0,5 cm großes Stück Fotokarton am unteren Ende deiner Figuren stehen. Das biegst du nach hinten.
4. Ordne alle Figuren in der gewünschten Reihenfolge im Karton an. Dann trägst du auf das umgeknickte Stück Fotokarton ein bisschen Alleskleber auf und klebst deine Figuren an die vorgesehenen Stellen.
5. Nun kannst du den Deckel auf deine Krippenkiste machen. Vielleicht noch einen Gruß für den Geschenk-Empfänger schreiben, mit Geschenkband umwickeln und fertig!

Material

- Pappschachtel in Weiß, 22 cm x 14 x 6 cm
- 2 Blatt Fotokarton in Weiß, A4
- 1 Blatt Fotokarton in Blau, A4
- Buntstifte
- Alleskleber
- Bleistift
- Schere

Oberengel

Material

- Plastikflasche, 1,5 l
- 1 kg Reis
- 2 Plastikschraubdeckel, ø ca. 1 cm
- 3 Blatt Kopierpapier in Weiß, A4
- Wattekugel, ø 9 cm
- Zeitung
- Acrylfarbe in Gelb, Rot, Pink, Schwarz und Rosa
- Webbandreste, Pomponbortenreste, Samtbandreste
- Fotokarton in Gelb, kariert, A4
- Wolle in Gelb
- 2 Kerzen
- Kreppband
- Kleister
- Alleskleber

Vorlage Seite 103

Wacht über die gesamte Weihnachtszeit!

1. Rühre den Kleister nach Packungsanleitung an. Dann befestigst du die Wattekugel mit Kreppband auf der Flaschenöffnung.

2. Falte ein Stück Zeitung zu einem ca. 3 cm breiten Streifen und klebe über die ganze Länge Kreppband. An den Enden dann je einen Plastikdeckel in den Zeitungsstreifen eindrehen und diese Kerzenhalter wieder mit Kreppband fixieren.

3. Dann werden die Kerzenhalterarme mit Kreppband mittig auf die Flaschenrückseite geklebt. Einen ca. 15 cm breiten Zeitungsstreifen wickelst du unterhalb der Arme einmal um die Flasche und polsterst ihn mit Zeitung aus, sodass eine Art Röckchen entsteht.

4. Jetzt kann alles (bis auf den Kopf) mit einer Lage Zeitungsschnipsel eingekleistert werden. Dazu tauchst du die Schnipsel in den Kleister und streichst sie auf dem Engelkörper schön glatt. Die zweite Schicht wird mit Kopierpapierschnipseln gekleistert.

5. Wenn alles gut getrocknet ist, geht's ans Dekorieren. Der Kopf wird in Rosa angemalt, der Oberkörper in Gelb, die Arme in Pink. Dann kannst du das Gesicht zeichnen. Um den Rock werden je nach Geschmack Webbänder, Pomponborte oder andere Bänder geklebt.

6. Für die Haare schneidest du zahlreiche ca. 20 cm lange Wollfäden zurecht und klebst sie dann mit Alleskleber am Kopf fest. Die Flügel schneidest du nach Vorlage aus und klebst sie hinten am Engel fest. Jetzt kannst du die Kerzen in die Halterungen stecken und dein Kunstwerk verschenken!

Vorsicht!

Lass deinen Kerzenengel nie mit brennenden Kerzen allein! Außerdem musst du darauf achten, dass die Kerzen immer ausreichend Abstand zum Engelskopf haben.

Zuckerbäckerei

Guten Appetit

Himmlisches Backvergnügen ★ Nikolauspfannkuchen ★ Rüschenengelchen
Kakao-Klumpen ★ Browniefärmchen

Himmlisches Backvergnügen

Material

- Glas, 1 l
- 120 g brauner Zucker
- 60 g Zucker
- 100 g Haferflocken
- 150 g Minischokolinsen
- 100 g Schokotropfen
- 270 g Mehl

Weihnachtsfreude im Glas

1. Fülle die Zutaten in folgender Reihenfolge von unten nach oben ins Glas:

   Mehl,
   braunen Zucker,
   Schokolinsen,
   braunen Zucker,
   Mehl,
   Zucker,
   Schokotropfen,
   Haferflocken.

2. Jetzt schreibst du noch das Rezept auf schönes Papier.

   Man braucht zusätzlich nur noch 210 g Butter und 1 Ei! Butter und Ei schaumig rühren, dann die restlichen Zutaten hinzufügen. Den Teig zwei Stunden kalt stellen. Dann den Ofen auf 180° Grad vorheizen und das Backblech mit Backpapier auslegen. Den Teig zu walnussgroßen Kugeln formen, in großem Abstand auf das Blech legen und zwölf Minuten backen. Lecker!

Tipp

Das Glas kannst du mit Stoffresten, Weihnachtskugeln und schönen Bändern noch verzieren.

Nikolaus-Pfannkuchen

Knecht Ruprecht auf dem Teller

1. Erhitze die Butter und lasse sie abkühlen. Dann vermischst du Mehl und Backpulver miteinander. Gib Eier, Butter und Milch dazu und verrühre alles zu einem glatten Teig. Den Teig mit Butter portionsweise in der Pfanne von beiden Seiten backen.

2. Die Kirschen aus dem Glas abgießen, Kirschsaft auffangen und mit einem Esslöffel Speisestärke verrühren. Kirschen und Saft zusammen erhitzen, bis die Kirschen in einer dicklichen Sauce schwimmen.

3. Nun geht's ans Verzieren. Pfannkuchen mittig auf dem Teller platzieren. Aus den Kirschen formst du einen Hut. Dann schneidest du Bananenscheiben für die Augen zurecht und legst sie an Ort und Stelle. Als Pupillen kommen Cranberries auf die Bananenaugen. Zuletzt machst du deinem Nikolaus noch einen Bart und eine Mützenbommel aus Sprühsahne.

Guten Appetit!

Material

Rezept für den Teig:

- 75 g Butter
- 2 Eier
- 250 g Mehl
- 2 TL Backpulver
- 75 g Zucker
- 300 ml Milch
- 50 g Butter zum Braten

Außerdem:

- ein Glas Kirschen
- Banane
- Cranberries
- Sprühsahne
- Speisestärke

Tipp

Wie wäre es mit einem Picknick unter dem Tannenbaum? Breite Decken und Kissen aus und mache es dir mit Familie oder Freunden unter dem Tannenbaum bei Kerzenschein und Weihnachtsmusik mit den Pfannkuchen gemütlich.

Rüschenengelchen

Fast zu süß zum Verschenken

1. Butter, Zucker und Ei verrühren, dann Mehl dazugeben. Knete den Teig gut durch und stelle ihn mindestens eine Stunde kühl. Danach rollst du den Teig auf einer mit Mehl bestäubten Unterlage aus und stichst nach Belieben Engel aus. Aus Teigresten formst du den Engeln Frisuren.

2. Lege alle Engel auf Backpapier, schiebe das Blech auf mittlerer Schiene in den Ofen und backe alles bei 200° Grad für 15 Minuten. Danach verrührst du den Puderzucker mit 1–2 Esslöffeln Wasser und einem Spritzer roter Lebensmittelfarbe.

3. Male mit einem Pinsel oder Schaschlikstäbchen Mund und Augen auf. Auch die Schokolinsen-Verzierung am Kleid wird mit Zuckerguss „angeklebt“.

4. Jetzt geht‘s ans Verschönern. Aus Tortenspitze schneidest du kleine Stücke zurecht und klebst sie mit Zuckerguss auf die Engelskleider. Halbiere eine Muffinform mit einer Schere und schneide aus den Halbkreisen Flügel für die Engel zurecht. Auch sie werden hinten mit Zuckerguss angeklebt.

Material

Rezept für den Teig:

- 200 g Butter
- 125 g Zucker
- 1 Ei
- 400 g Mehl
- 150 g Puderzucker
- Lebensmittelfarbe in Rot
- Minizuckerperlen
- bunte Schokolinsen

Außerdem:

- Ausstecher: Engel
- Tortenspitzen in Weiß
- Papierförmchen für Muffins
- Schere

Kakao-Klumpen

Material

- 150 g Zartbitter-schokolade
- 150 g Vollmilch-schokolade
- 150 g weiße Schokolade
- Holz- oder Plastiklöffel
- Eiswürfelform
- Vanilleschote
- 1 TL Zimt
- 2 EL Karamelsirup
- Deko-Zuckerstreu

Das perfekte Geschenk für Schokoholics

1. Die Zartbitterschokolade schmilzt du im Wasserbad und rührst einen Teelöffel Zimt unter.
2. Die weiße Schokolade wird ebenfalls im Wasserbad erhitzt. Schneide die Vanilleschote längs auf und kratze mit Hilfe eines Messers das Vanillemark heraus. Dann rührst du es unter die Schokoladenmasse.
3. Die geschmolzene Vollmilchschokolade verfeinerst du mit 2 EL Karamelsirup.
4. Jetzt kannst du die flüssigen Schokolade in eine Eiswürfelform gießen und einen kleinen Plastik- oder Holzlöffel hineinstecken. Verziere die verschiedenen Sorten mit Zuckerperlen und lass alles erkalten.

Tipp

Die fertigen Kakao-Würfel kannst du wunderbar in heiße Milch tunken. Aber sie schmecken natürlich auch so...

Mmmhh ...

Brownieförmchen

Schokoladiges im Rahmen

1. Zuerst lässt du Schokolade und Butter miteinander schmelzen und rührst 2 TL Cremè Fraîche unter. Den Backofen kannst du währenddessen schon auf 180° vorheizen.
2. Nun die Eier mit dem Zucker schaumig schlagen und dann die Schokoladenmasse unterrühren. In einer anderen Schüssel vermischst du Mehl, Mandeln, Backpulver und Kakao und gibst alles zur Schokomasse.
3. Lege deine Backform mit Backpapier aus und fülle den Teig hinein. Jetzt lässt du die Brownies ca. 30–40 Minuten im Ofen backen.
4. Die Brownies gut abkühlen lassen und dann aus der Form nehmen. Mit einem breiten Messer die Browniefläche horizontal kürzen, sodass ein Rechteck mit ca. 1,5 cm Höhe stehenbleibt.
5. Jetzt drückst du die Ausstecher in die Browniefläche und nimmst sie dann vorsichtig mit Inhalt heraus.
6. Zum Schluss füllst du die Ausstechförmchen mit geschmolzener Schokolade auf und verzierst sie mit Schokolinsen.

Material

- 150 g Vollmilchkuvertüre
- 150 g Zartbitterkuvertüre
- 100 g Butter
- 2 TL Cremè Fraîche
- 3 Eier
- 200 g brauner Zucker
- 150 g Mehl
- 3 EL Kakaopulver
- Prise Salz
- 100 g gemahlene Mandeln
- 1/2 Päckchen Backpulver
- 300 g Vollmilchschokolade, Ausstechförmchen, Schokolinsen
- Backform, rechteckig, 35 cm x 24 cm

MERRY X-MAS

Oh Tannenbaum

Glitzerdinos ★ Guck-Glocke ★ Klingglöckchen ★ Weihnachts-Eulen ★ Klorollen-Eisblumen
Bierdeckel-Baumschmuck ★ Tortenspitzen-Engelchen ★ Funkel-Kometen
Gerupfte Tannen ★ Poppige Strohsterne

Glitzerdinos

Material

- Plastikspielzeug (Dinosaurier)
- Acryllack in Gelb, Hellblau und Hellgrün
- Ringschrauben stahlverzinkt, 10 mm x 3 x 1 mm
- Kastanienbohrer, ø 2 mm
- Glitzer
- UHU Sprühkleber

Sorgen für Glanz am Tannenbaum

1. Zuerst bohrst du mit dem Kastanienbohrer an der Oberseite mittig ein Loch und schraubst dort die Ringschraube hinein. Dann malst du die Dinosaurier mit Lack an und lässt sie trocknen.

2. Jetzt sprühst einen Dinosaurier nach dem anderen mit Sprühkleber ein und lässt von einem Löffel Glitzer darüber rieseln.

3. Ziehe ein Satinband durch den Ring und verknote die Enden. Schon hast du einen sehr individuellen Weihnachtsbaumschmuck.

Frohe Weihnachten

Guck-Glocke

Großer Auftritt für den Puddingbecher

1. Der Puddingbecher muss gründlich gesäubert sein, damit du später gut durch ihn hindurchsehen kannst. Dann bohrst du mit einer spitzen Schere mittig ein Loch in den Boden.
2. Ziehe das Satinband durch eine Nadel und verknote die Enden. Jetzt die Nadel durch das Loch stecken und mit Hilfe einer Schere die Nadel frei schneiden. Die Enden vom Satinband verknotest du wieder.
3. Ordne deine Plastikfiguren so auf dem Bierdeckel an, wie es dir am besten gefällt. Dann stülpst du den Becher darüber und stellst sicher, dass alle Teile genug Platz haben.
4. Jetzt kannst du deine Figuren mit Heißkleber am Bierdeckel festkleben. Wieder den Deckel darüberstülpen und den Rand mit Alleskleber auf dem Bierdeckel fixieren.
5. Zum Schluss legst du die Pomponborte einmal um die Glocke herum und befestigst sie mit Alleskleber.

Material

- Bierdeckel rund, ø ca. 11 cm
- kleine Plastikfiguren (Tannenbäume, Pilze, Menschen)
- leerer Puddingbecher, durchsichtig und ohne Aufdruck
- Pomponborte, 9 mm breit, 30 cm lang
- Satinband, 7 mm breit, 20 cm lang
- Heißklebepistole
- Alleskleber
- spitze Schere

Klingglöckchen

...Klingelingeling!

1. Die Glöckchen-Vorlage überträgst du zweimal auf den Fotokarton und schneidest sie aus. Dann werden beide Glöckchen mit Alleskleber bestrichen und auf Filz geklebt. Die überstehenden Filzreste schneidest du ab.

2. Jetzt wird dekoriert. Dazu beklebst du eine Glöckchenseite mit Bändern, Pailletten, Sternen, Knöpfen etc. Wenn du mit deinem Werk zufrieden bist, klebst du die beiden Fotokartonseiten am Rand mit Alleskleber aufeinander und lässt oben und unten jeweils ein Stück offen.

3. Nimm ein Stück Vichykaro-Band und fädele es durch das Glöckchen. Die Enden verknotest du. Jetzt musst du nur noch das Band mit dem Glöckchen dran zwischen den Fotokarton-seiten hindurchfädeln und schon bist du fertig.

Material

- Fotokartonrest in Weiß
- Filzreste in verschiedenen Farben
- Bänderreste
- Pailletten
- Streusterne
- Verziersteine
- Dekoband mit Vichykaro, 3 mm breit, ca. 25 cm lang
- Glöckchen, ø 1 cm
- Schere
- Alleskleber

Vorlage Seite 104

Weihnachts-Eulen

Tannenzapfentiere mit Nikolausmütze

1. Die Tannenzapfen werden mit Acrylfarbe bemalt und auch die Eichelhütchen bekommen einen Anstrich mit weißer Farbe und einem schwarzen Punkt in der Mitte.

2. Schneide aus gelbem Filz einen Schnabel und aus rotem Filz einen Kreis mit 10 cm Durchmesser aus, den du halbierst. Aus weißem Filz schneidest du dann einen ca. 0,5 cm breiten und 10 cm langen Streifen zurecht.

3. Der weiße Streifen wird auf der runden Seite vom roten Halbkreis befestigt. Biege die Mütze um und fixiere die Enden des doppelt gelegten Satinbands in der Spitze. Nun kannst du die Mütze hinten zusammenkleben.

4. Danach wird noch ein Pompon auf die Vorderseite kurz unterhalb des Mützenzipfels geklebt.

5. Jetzt kannst du mit einer Heißklebepistole alle Teile an den Tannenzapfen ankleben. Die Augen zuerst, weil es manchmal schwierig ist einen geeigneten Platz dafür zu finden. Dann folgen Schnabel, Federn und zum Schluss die Mütze. Nun musst du dir nur noch einen schönen Platz für deine Eulen suchen.

Material

- Tannenzapfen
- Eichelhütchen
- Federn in verschiedenen Farben
- Bastelfilzreste in Rot, Gelb und Weiß
- Satinband in Rot, 1 cm breit, ca. 20 cm lang
- Acrylfarbe in Orange, Hellblau, Grün, Gelb, Pink, Schwarz und Weiß
- Pompon in Weiß, ø 1 cm
- Heißklebepistole

Klorollen-Eisblumen

Material

- Toilettenpapierrolle
- Fotokartonrest in Blau, A4
- Acrylfarbe in verschiedenen Blautönen
- Silberfolienrest
- Perlen in Blau
- Pailletten
- Stickgarn in Blau
- Nadel
- Cuttermesser
- Alleskleber

Winterwunderland für Zuhause

1. Zuerst drückst du die Toilettenpapierrolle platt und schneidest an der kurzen Seite mit dem Cuttermesser ca. 6 mm breite Stücke (Ringe) ab. Pro Blume brauchst du sechs Ringe.
2. Mit Acrylfarbe bringst du die grauen Toilettenrollenringe zum Leuchten. Lass sie gut trocknen.
3. Ordne sechs Ovale zu einem Stern an und verklebe sie seitlich miteinander. Damit das Ganze gut hält, kannst du mit Wäscheklammern jeweils zwei Ovale miteinander verbinden, bis der Kleber gut getrocknet ist.
4. Jetzt befestigst du die untere Seite vom Stern auf dem Fotokarton und wartest wieder, bis alles getrocknet ist. Mit dem Cuttermesser schneidest du den überstehenden Karton ab und klebst noch einen Stern aus Silberfolie in die Mitte der Blume.
5. Mit einer Nadel bohrst du ein Loch durch eine der Ovalspitzen und fädelst das Stickgarn hindurch. Perlen und Pailletten auffädeln, dazwischen einen Knoten machen, damit die Perlen nicht verrutschen und schließlich den Abschlussknoten in das Garnende machen. Fertig!

MERRY X-MAS

Bierdeckel-Baumschmuck

Schnibbelsternchen aufgehübscht

1. Zuerst werden die Glasuntersetzer in peppigen Farben bemalt. Für ein Ornament braucht man zwei Glasuntersetzer.

2. Jetzt faltest du die Untersetzer der Hälfte nach, dann noch einmal, sodass ein Viertelkreis entsteht. Nun noch ein letztes Mal falten, sodass ein Achtelkreis entsteht.

3. Schere zücken und munter Muster in die Seitenteile hineinschneiden. Man kann auch in die Rundung schneiden. Aber Vorsicht, der Kreis sollte nicht verletzt werden.

4. Jetzt kommt das Beste: Kreis vorsichtig wieder auseinanderfalten und staunen. Die nicht bemalte Seite wird mit Sprühkleber besprüht und auf den Bierdeckel geklebt.

5. Mit einer Nadel stichst du ein Loch in den Randbereich des Bierdeckels, ziehst den Faden einmal hindurch und verknotest ihn. Wenn du möchtest, kannst du auch noch Perlen auffädeln.

Material

- Papier-Glasuntersetzer in Weiß, rund, ø 10 cm
- Bierdeckel in Weiß, rund, ø ca. 11 cm
- Acrylfarbe in leuchtenden Farbtönen
- ggf. Perlen
- Nadel
- Faden
- Schere
- UHU Sprühkleber

Tipp

Die bemalten Glasuntersetzer eignen sich auch prima als Verschönerung von Geschenken.

Tortenspitzen-Engelchen

Vom Himmel hoch, da komm ich her

1. Zuerst bemalst du den Kopf des Holzkegels in Hautfarbe und lässt ihn gut trocknen. Danach kannst du mit einem dünnen Pinsel Haare, Augen, Mund und rosa Bäckchen aufmalen.

2. Von der Tortenspitze schneidest du nach Vorlage ein Kleid zurecht. Gib Alleskleber auf den Körper, lege die Tortenspitze einmal um den Körper herum und klebe sie auf der Rückseite zusammen.

3. Aus Satinband bindest du kleine Schleifen, kürzt sie auf die gewünschte Länge und drückst oder bügelst sie schön platt. Jetzt kannst du sie am Hals aufkleben.

4. Aus Fotokarton schneidest du nach Vorlage Flügel zurecht und klebst sie auf der Rückseite vom Engel mit Alleskleber fest.

5. Nun bohrst du mit dem Kastanienbohrer mittig oben auf dem Kopf ein Loch vor. Dort drehst du die Ringschraube hinein. Ein Stück Dekoband zurechtschneiden, durch die Ringschraube fädeln und verknoten. Schon kann der Engel abhängen...

Material

- 3 Figurenkegel aus Holz, 7 cm hoch
- Tortenspitze
- Fotokartonreste gemustert
- Acrylfarbe in Rot, Rosa, Hautfarben, Braun, Gelb und Schwarz
- 3 Ringschrauben, 8 mm x 3 mm
- Satinband in Gelb, Hellgrün und Hellblau, 7 mm breit
- Dekoband Vichykaro in Gelb, Grün und Blau, 5 mm breit, 20 cm lang
- Kastanienbohrer, ø 2 mm
- Alleskleber
- Klebestift

Vorlage Seite 104

Funkel-Kometen

Zahnstocher mal anders

1. Zuerst bemalst du die Styroporkugel mit Acrylfarbe. Dazu steckst du sie am besten auf ein langes Schaschlikstäbchen. So kannst du sie bemalen, ohne dass deine Finger Farbe abbekommen und dort können sie auch gut trocknen.

2. Jetzt knöpfst du dir die Zahnstocher vor. Pro Kugel brauchst du ca. 24 Zahnstocher. Auch sie werden mit Acrylfarbe bemalt. Stecke sie mit der unbemalten unteren Spitze zum Trocknen in ein Stück Steckmoos.

3. Die Styroporkugel bekommt einen Anstrich mit Klarlack, dann glänzt sie schön.

4. Mit Hilfe einer Nadel bohrst du Löcher in die Styroporkugel. Dort kannst du jetzt die Zahnstocher hineinpiksen. Zum Schluss steckst du eine silberne Paillette auf jedes Zahnstocherende.

5. Die Ringschraube wird ebenfalls in die Kugel gesteckt und mit einem Satinband versehen. Nun kann dein Komet losfunkeln!

Material

- 5 Styroporkugeln, ø 3 cm
- Zahnstocher aus Holz
- Satinband in Orange, je ca. 40 cm lang
- Pailletten in Silber
- Acrylfarbe in Rot, Gelb, Orange, Helllila und Dunkellila
- Klarlack
- 5 Ringschrauben, stahlverzinkt, 10 mm x 3 mm x 1,8 mm
- Schaschlikstäbchen, 30 cm lang
- Steckmoos
- Nadel

Gerupfte Tannen

Material

- Fotokarton in Weiß, A4
- Stoffreste, bunt, in 1 cm breiten Streifen
- Bastelfilz in Hellgrün, 15 cm x 15 cm
- Satinband in Hellgrün, 0,5 cm breit, pro Tanne ca. 10 cm lang
- Zackenschere
- Klebestift
- Tacker

Vorlage Seite 104

Bäumchen wechsle dich...

1. Zuerst überträgst du die Tannenbaumvorlage auf weißen Fotokarton. Dann werden die Tannen ausgeschnitten. Lege ein Stück Satinband zu einer Schlaufe und tackere es hinten als Aufhängung an die Tanne.
2. Dann klebst du den Filz über den Stamm der Tanne und schneidest die überstehenden Reste ab.
3. Reiße aus bunten Stoffresten 1 cm breite Streifen zurecht oder schneide sie mit der Zackenschere aus.
4. Beginne unten mit dem Bekleben der Tanne. Bringe den ersten Streifen an. Den zweiten Streifen klebst du dann überlappend darüber usw. Dabei verkürzt du die Streifen an den Seiten immer ein Stück, sodass eine Tannenbaumform entsteht.

Poppige Strohsterne

Aus alt mach neu – und zwar knallbunt!

1. Zuerst malst du die Strohsterne mit Acrylfarbe bunt an und lässt sie gut trocknen.
2. Dann kannst du auf die Vorderseite mittig ein Glanzbild mit Alleskleber aufkleben. Schon sind deine poppigen Strohsterne fertig!

Material

- Strohsterne
- Acrylfarbe in Rosa, Hellblau, Orange, Rot, Lila, Blau, Gelb und Grün
- kleine Glanzbilder
- Alleskleber

Tipp

Diese bunten Strohsterne eignen sich nicht nur als Baumschmuck, sondern auch hervorragend, um Geschenke zu verschönern. Du kannst auf die Rückseite noch einen Zettel mit Weihnachtsgrüßen aufkleben.

Spielerei

Fotobude ★ Tannenbaum-Memospiel ★ Fingerpuppen-Krippe
Unschuldsengel ★ Mr. Rudolf Rentier

Fotobude

Freches Winter-Fotoshooting

1. Für die Verkleidungsgegenstände solltest du zuerst Vorlagen erstellen und diese auf den Fotokarton übertragen. Schneide alle Teile vorsichtig mit einem Cuttermesser aus.

2. Für die Möhre und die Nikolausmütze musst du die Einzelteile zusammenkleben.

3. Auf die Rückseite deiner Foto-Verschönerungs-Utensilien klebst du jeweils ein Schaschlikstäbchen mit Alleskleber auf. Mit einer Wäscheklammer kannst du alles fixieren bis es gut getrocknet ist.

4. Jetzt musst du nur noch die Kamera rausholen, einen schönen Hintergrund suchen und Spaß haben!

Material

- Fotokarton in Weiß, Rot, Schwarz, Hellblau, Hellbraun und Orange, A4
- Fotokartonrest in Hellgrün
- Wäscheklammern
- Schaschlikstäbchen, 30 cm lang
- Cuttermesser
- Alleskleber

Vorlagen Seite 105-106

Tipp

Druck die besten Fotos aus und mach' dir daraus deine Weihnachtspostkarten!

Tannenbaum-Memospiel

Material

- Fotokarton in Hellgrün, 50 cm x 70 cm
- Fotokarton gemustert, 20 cm x 20 cm
- Eisstiele aus Holz, ca. 18 cm lang
- Schere
- Alleskleber

Vorlage Seite 107

Wer ist der größte Schlaufuchs?

1. Die Tannenbäume auf grünem Fotokarton nach Vorlage aufzeichnen. Du brauchst 40 Stück! Von den kleineren Dreiecken brauchst du insgesamt 20 Stück. Dazu schneidest du von jeder Farbe zwei Exemplare aus gemustertem Fotokarton zurecht. Du kannst aber auch Geschenkpapier dafür nehmen.
2. Schneide alle Dreiecke sorgfältig aus. Dann klebst du je zwei grüne Fotokartondreiecke an den seitlichen Rändern und unten (bis auf eine ca. 1 cm breite Lücke) zusammen.
3. Nun befestigst du jeweils ein buntes kleineres Dreieck auf einer grünen Doppeltanne. Jetzt kannst du von unten den Eisstiel zwischen die beiden grünen Tannenhälften schieben.
4. Schon kann das Spiel beginnen. Dreh alle Tannen auf „Grün“ und fang an zu spielen!

Tipp

Das Ganze funktioniert natürlich auch mit anderen Motiven: Sterne, Schneemänner oder Glöckchen. Was fällt dir noch ein?

Fingerpuppen-Krippe

Das Krippenspiel mal anders!

1. Zuerst schneidest du die Finger der Gummihandschuhe ab – einen nach dem anderen.

2. Dann zeichnest du auf rosafarbenen oder hellbraunen Fotokarton Gesichter für Josef, Maria, das Christkind, die Hirten und die heiligen drei Könige. Die Schafe, das Kamel und die Palme werden auf braunen Fotokarton gezeichnet, der Stern auf gelben. Schneide anschließend alles aus.

3. Die Palme fixierst du auf grünem Filz und schneidest die überstehenden Stoffreste ab. Auf die Rückseite klebst du eine Gummifingerspitze. Den Stern befestigst du an einem Schaschlikstäbchen.

4. Die ausgeschnittenen Gesichter klebst du auch auf jeweils eine Gummifingerspitze. Jetzt kannst du die Herrschaften ankleiden. Schneide Kleider und Umhänge aus Filz- und Stoffresten zurecht und klebe sie mit Alleskleber um den Gummifinger herum.

5. Hüte, Kronen, Haare und Schnurrbärte bastelst du dazu und verzierst alles mit Borten, Knöpfen und Pailletten. Deiner Fantasie sind keine Grenzen gesetzt.

6. Die Schafe und das Kamel werden ebenfalls mit Stoff und Filzresten verschönert. Miniwackelaugen aufkleben und eine Gummispitze dahinter. Schon kann losgespielt werden!

Material

- 1 Paar Gummihaushaltshandschuhe
- Fotokarton in Rosa, Gelb und Braun, A4
- Filzreste
- Stoffreste
- Goldfolienreste
- Samtbandreste
- Wackelaugen, ø 5 mm
- Knöpfe
- Pailletten
- Streusterne
- Schaschlikstäbchen
- Alleskleber
- Schere

Vorlage Seite 108

Unschuldsengel

Engelsflügel für Kuscheltiere

1. Zunächst kopierst du die Flügel von der Vorlage auf die gewünschte Größe und überträgst die Vorlage dann auf den gefalteten Stoff mit 1 cm Nahtzugabe.

2. Jetzt schneidest du die Flügel zweimal aus. Lege beide Stoffteile rechts auf rechts. Dann nähst du bis auf eine kleine ca. 8 cm große Lücke (siehe Markierung in der Vorlage) alles mit der Nähmaschine zu.

3. Durch die verbliebene Lücke drehst du die Flügel auf rechts. In den Flügelspitzen hilft dir ein Schaschlikstäbchen (mit der nicht spitzen Seite verwenden) beim Entfalten.

4. Jetzt kannst du Füllwatte hineinstopfen. Beginne mit den Flügelspitzen, auch hier ist ein Schaschlikstäbchen beim Stopfen hilfreich.

5. Wenn die Flügel ausreichend Volumen haben, wird die Lücke in den Flügeln per Hand (mit Nadel und Faden) zugenäht. Damit sich die Flügel einfach am Kuscheltier befestigen lassen, nähst du mittig gleich eine Broschennadel mit an.

Material

- Baumwollstoff in Weiß, 60 cm x 40 cm
- Füllwatte
- Broschennadel, 19 mm lang
- Nähmaschine
- Stecknadeln
- Nadel
- Nähgarn
- Schere
- Schaschlikstäbchen

Vorlage Seite 107

Tipp

Wenn die Flügel für deine Puppen sein sollen, nähe einfach zwei Gummibandschlaufen und befestige diese wiederum an den Flügeln. Dann kann man der Puppe die Flügel wie einen Rucksack aufsetzen.

Mr. Rudolf Rentier

Die Handpuppe zum Liebhaben

1. Zuerst halbierst du den Bierdeckel. Die Norwegersocke drehst du auf links und dellst sie vorne ein. Ober- und unterhalb der Delle klebst du mit Alleskleber die Bierdeckelhälften ein. Lass alles gut trocknen und ziehe den Socken dann wieder auf rechts.

2. Jetzt kürzt du die beiden Wattekugeln mit Hilfe eines Cuttermessers um ein Drittel. Male mit einem Permanentmarker Augen auf die Wattekugeln und klebe sie mit Alleskleber an die Ferse der Socke.

3. Für die Nase nähst du mit Hilfe von Nadel und Faden den roten Pompon an.

4. Nun geht es ans Geweih. Übertrage die Vorlage auf braunen Fotokarton und schneide sie sorgfältig aus. Die beiden Geweihe werden unten mittig zusammen getackert, mit einem Kreis aus braunem Bastelfilz verstärkt und ebenfalls an Ort und Stelle festgeklebt.

5. Zum Schluss wird Mr. Rudolf Rentier noch mit etwas Füllwatte gefüllt. Dann kannst du schon deine Hand reinstecken und losspielen.

Material

- Norwegersocke
- Bierdeckel, rund, ø ca. 11 cm
- 2 Wattekugeln, ø 4 cm
- Pompon in Rot, ø 4 cm
- Fotokarton in Braun, A4
- Bastelfilzrest in Braun
- Füllwatte
- Permanentmarker
- Nähnadel
- Faden
- Cuttermesser
- Alleskleber
- Schere
- Tacker

Vorlage Seite 109

VIEL GLÜCK
IM
NEUEN JAHR!

VIEL GLÜCK
IM
NEUEN JAHR!

Silvesterkracher

Konfettikanone ★ Glücksklee-Seifenblasen ★ Partyhütchen

Konfetti-Kanone

Material

- Scrapbooking-Papier: Glitter, irisierend
- Konfetti
- Alufolie
- Luftballonpumpe
- Trichter
- Schere
- Tacker
- Heißklebepistole
- Klebestift

Vorlage Seite 109

Ein knallbuntes Feuerwerk

1. Übertrage die Vorlage auf das Glitterpapier und schneide sie aus. Dann rollst du sie an einer Seite zu einem Trichter. Die Öffnung unten sollte in etwa so groß sein wie das Ende der Luftballonpumpe.

2. An der größeren Öffnung tackerst du die überlappenden Papierstreifen zusammen. Die restliche Naht verschließt du mit Heißkleber.

3. Jetzt schneidest du einen Kreis aus Alufolie zurecht und deckst die kleine Öffnung damit zu. Klebe die Folie an den Rändern mit Klebestift fest.

4. Stecke einen Trichter in die größere Öffnung der Konfettikanone und fülle Konfetti ein. Ein Schaschlikstäbchen oder Bleistift hilft beim Nachstopfen. Dann kannst du die Seite ebenfalls mit einem Alufolienkreis verschließen. Das brauchst du aber nur zu machen, wenn du deine Konfettikanone nicht sofort benutzen willst, damit nichts herausfällt.

5. Und so startest du den Konfetti-Spaß: Ziehe die Luftballonpumpe auseinander und stecke die kleine Öffnung deiner Kanone auf den Pumpenausgang. Halte die Konfettikanone gut fest und schiebe die Pumpe mit der anderen Hand zusammen. So kannst du mit einer tollen Konfettidusche das neue Jahr begrüßen. Happy new year!

Tipp

Deine Kanone lässt sich beliebig oft nachladen, so kannst du alle Verwandten und Freunde in einen Konfettiregen hüllen!

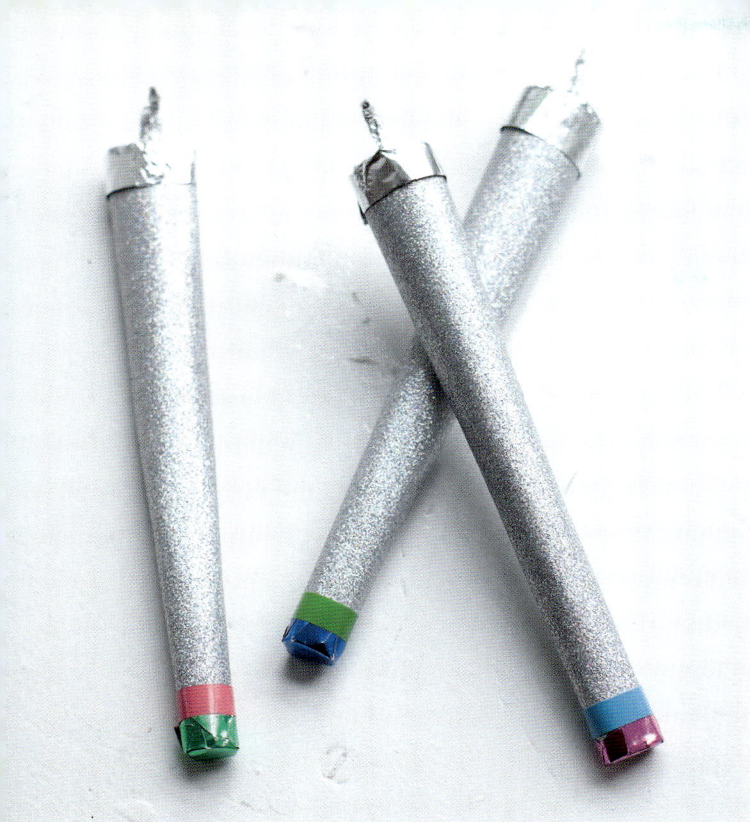

Glücksklee-Seifenblasen

Das perfekte Glücksbringer-Geschenk!

1. Nimm den Chenilledraht und biege 20 cm davon zu einem Kreis. Biege das Kreisende am 10 cm langen Stiel einmal mit einer Zange um.

2. Jetzt biegst du den Kreis mit der Zange in vier gleiche Viertel. Die so entstandenen Zacken musst du mit der Zange fest aufeinanderpressen.

3. Dann verbiegst du innerhalb der Bögen das Ganze noch einmal genauso, sodass eine Kleeblattform entsteht.

4. Den Glasdeckel kannst du mit roter Acrylfarbe anmalen und trocknen lassen. Oben auf den Deckel klebst du mittig einen Fliegenpilz mit der Heißklebepistole fest.

5. Nun stellst du deine Seifenblasenflüssigkeit her. Vermische die Zutaten vorsichtig. Wenn kein Schaum mehr vorhanden ist, kann die Seifenblasenmischung ins Glas gefüllt werden und ist einsatzbereit. Gelingt dir eine Glücks-Seifenblase?

Material

- Glas mit Deckel
- Chenilledraht, ø 6 mm, 30 cm lang
- Fliegenpilze aus Holz
- Acrylfarbe in Rot
- Heißklebepistole
- Zange

Rezept für Seifenblasen:

- 115 ml Spülmittel, klar und farblos
- 1 EL Glycerin
- 1,5 l Wasser

Vorlage Seite 109

VIEL GLÜCK
IM
NEUEN JAHR!

Hütchen in Feierlaune

Material

- Krepppapier in Blau, Gelb und Rot, 50 cm x 250 cm
- Fotokarton gemustert, A4
- Gummifaden, transparent, ø 0,5 mm, 30 cm lang
- Tacker
- Schere
- Nadel
- Faden
- Alleskleber

Vorlage Seite 109

Und ab geht die Party!

1. Aus Fotokarton schneidest du nach Vorlage das Grundgerüst für den Hut zurecht. Das Krepppapier lässt du eingerollt und schneidest einen ca. 2 cm breiten Streifen vom Ende der Rolle ab. Von der anderen Farbe schneidest du einen ca. 1,5 cm breiten Streifen genauso zurecht.

2. Lass die so entstandenen Krepppapierröllchen zusammen und schneide von beiden Seiten alle 0,5 cm ein kleines Stück ein. Dann kannst du sie auseinanderfalten.

3. Lege zwei Schichten von jeder Farbe aufeinander und tackere dann alle vier Schichten zusammen an den unteren runden Teil des Hütchens. Die Kreppgirlande biegst du nach unten, sodass man die Tackerstellen nicht sieht.

4. Mit der Nadel bohrst du an den gekennzeichneten Stellen zwei kleine Löcher in den Fotokarton. Dann fädelst du das Gummiband von innen nach außen durch ein Loch und durch das andere zurück. Knote es anschließend fest und fixiere auch noch das andere Ende.

5. Jetzt rollst du den Hut in Form, lässt ihn ca. 1 cm überlappen und tackerst ihn an der Überlappung fest.

6. Für den Pompon an der Hutspitze fädelst du Nadel und Faden in der Mitte auf und ab durch einen 10 cm Kreppstreifenrest. Alles auf den Faden aufreihen und ganz bis zum Ende vom Knoten schieben. Mit dem Faden bindest du den unteren Teil ab und verknotest ihn. Ziehe den Pompon oben auseinander (er sieht jetzt aus wie ein Blumenstrauß) und klebe ihn in das Loch in der Hütchenspitze.

Vorlagen

Manche Vorlagen müssen vergrößert werden. Bitte auf entsprechenden Vergrößerungsfaktor achten.

Henkelfreunde
(Seite 10)

Flippige Filzstiefel (Seite 8)
Vorlage auf 200 % vergrößern

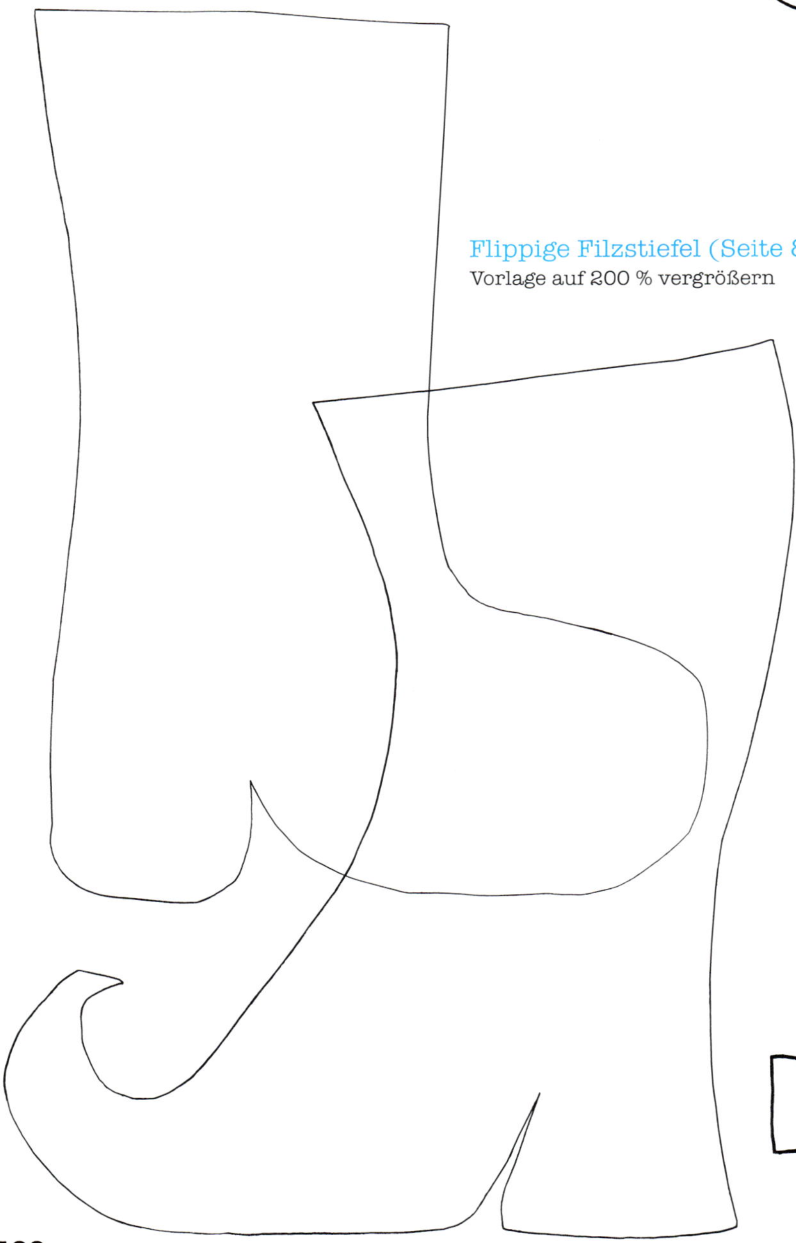

Coole Weihnachts-Shirts (Seite 14)

Vorlage auf 200 % vergrößern

Kuschel-Tannenbaum (Seite 22)

Vorlage auf 200 % vergrößern

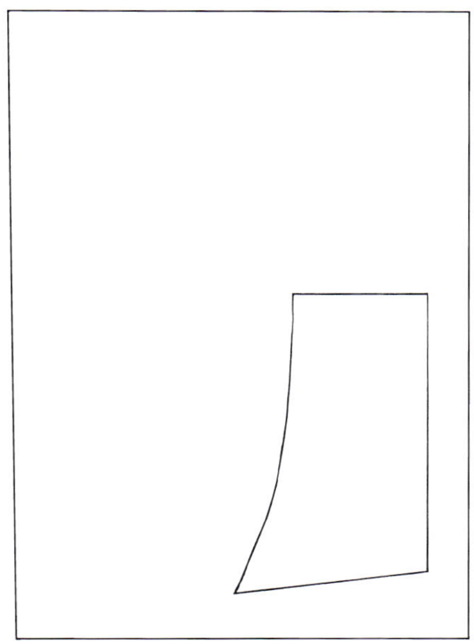

Schneemann-Leuchte (Seite 18)

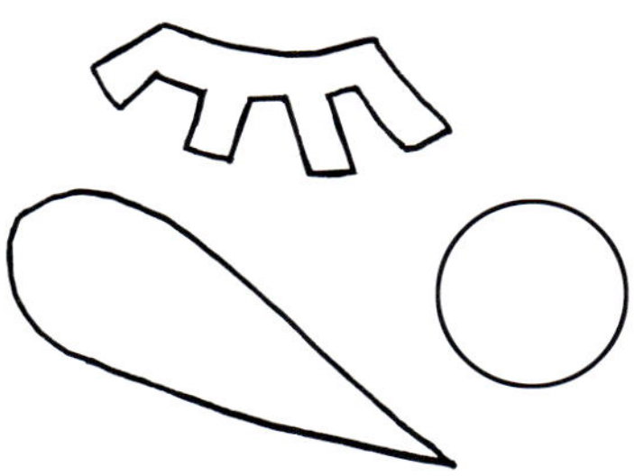

Vorlagen

Nickolausschachtel
(Seite 24)

Vorlage auf 200 % vergrößern

Wärme-Vögelchen
(Seite 38)

Kerzenengel
(Seite 30)

Handschuhfreunde (Seite 40)
Vorlage auf 200 % vergrößern

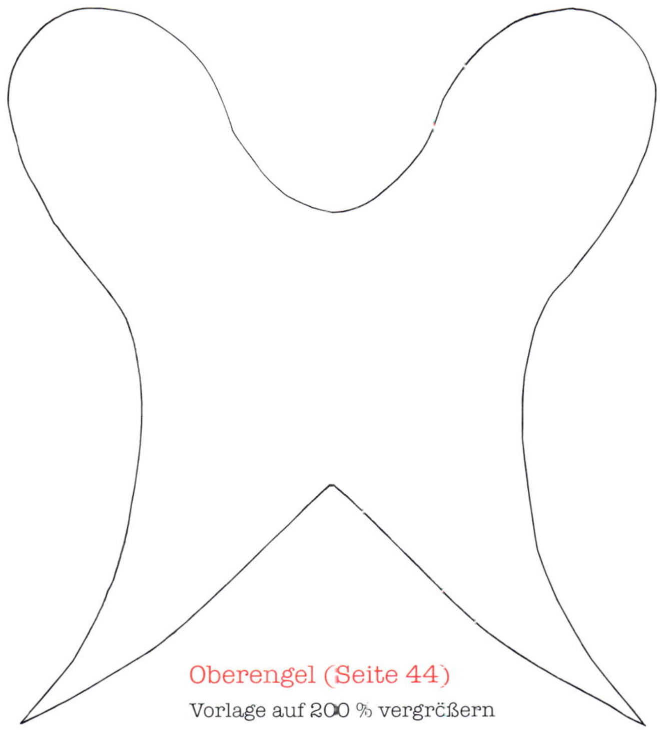

Oberengel (Seite 44)
Vorlage auf 200 % vergrößern

Tortenspitzen-Engelchen
(Seite 72)

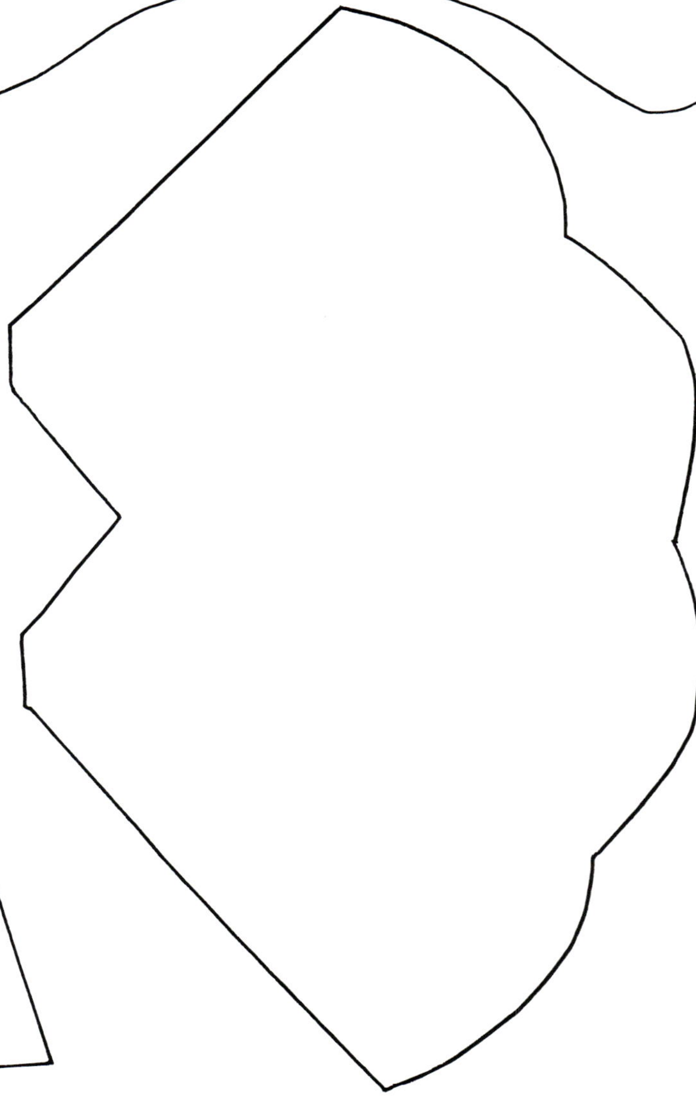

Klingglöckchen
(Seite 64)

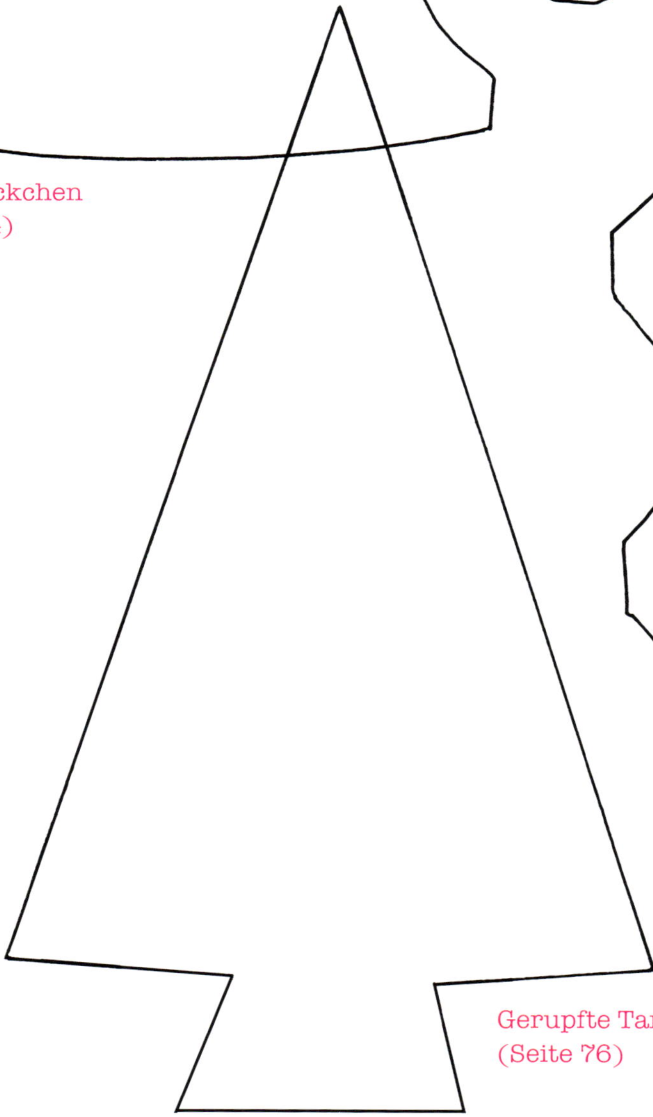

Gerupfte Tannen
(Seite 76)

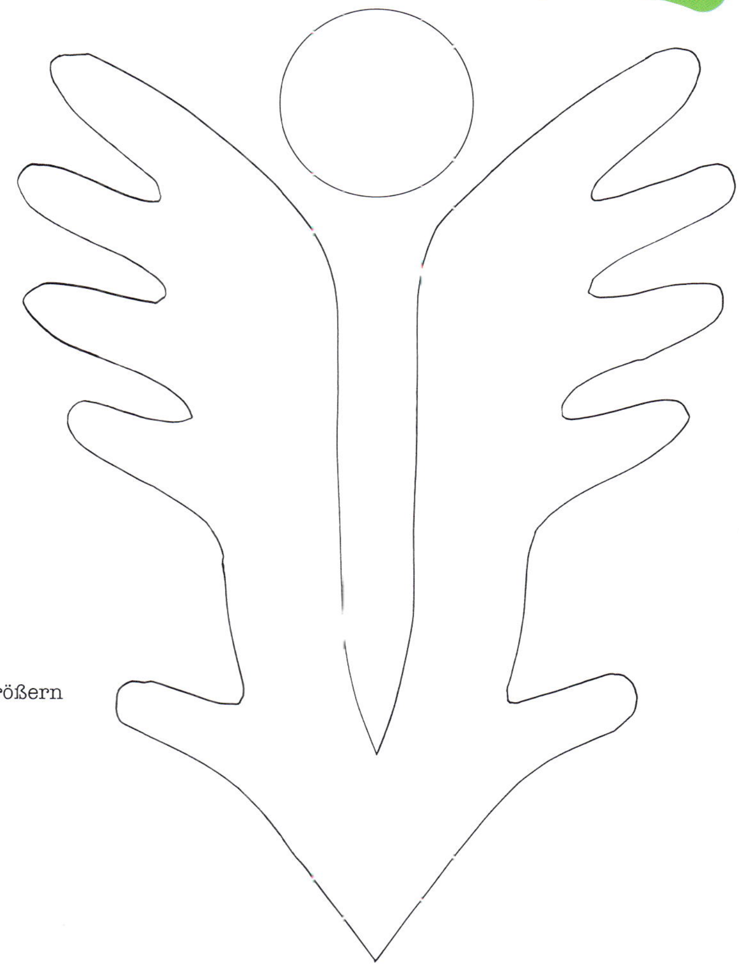

Fotobude (Seite 82)

Vorlagen auf 200 % vergrößern

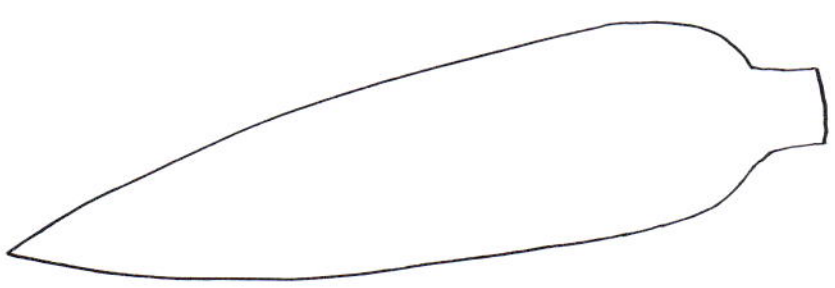

Fotobude (Seite 82)

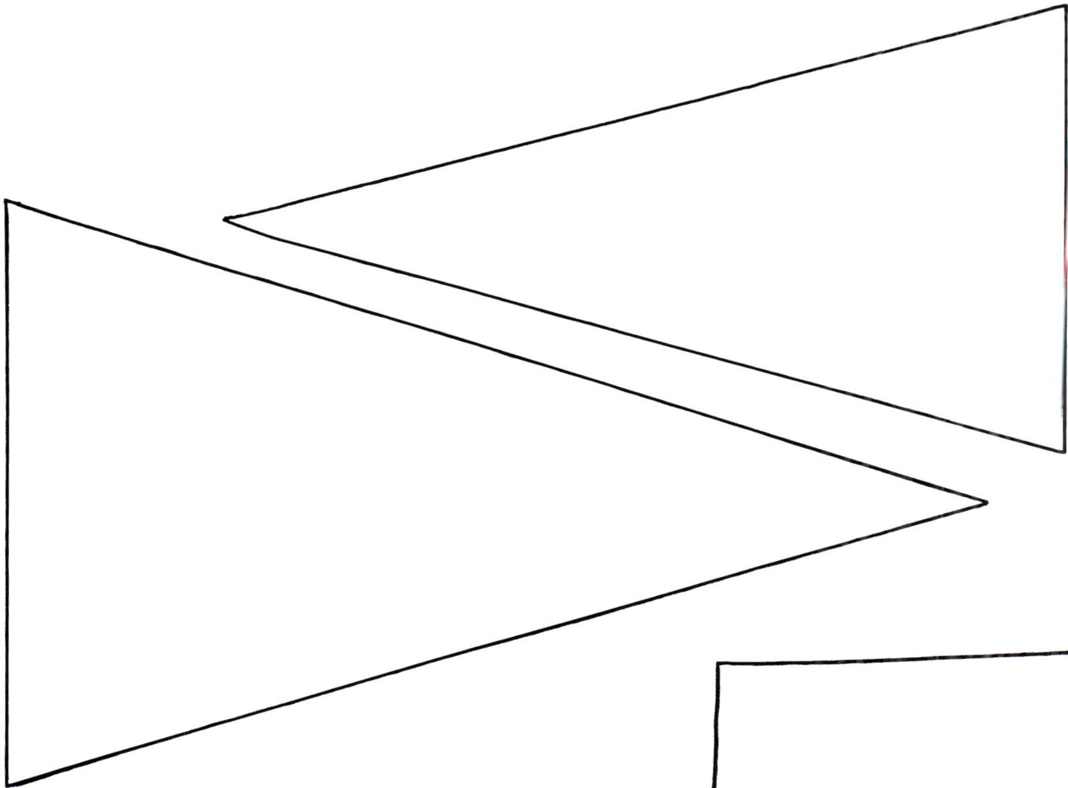

Tannenbaum-Memospiel
(Seite 84)

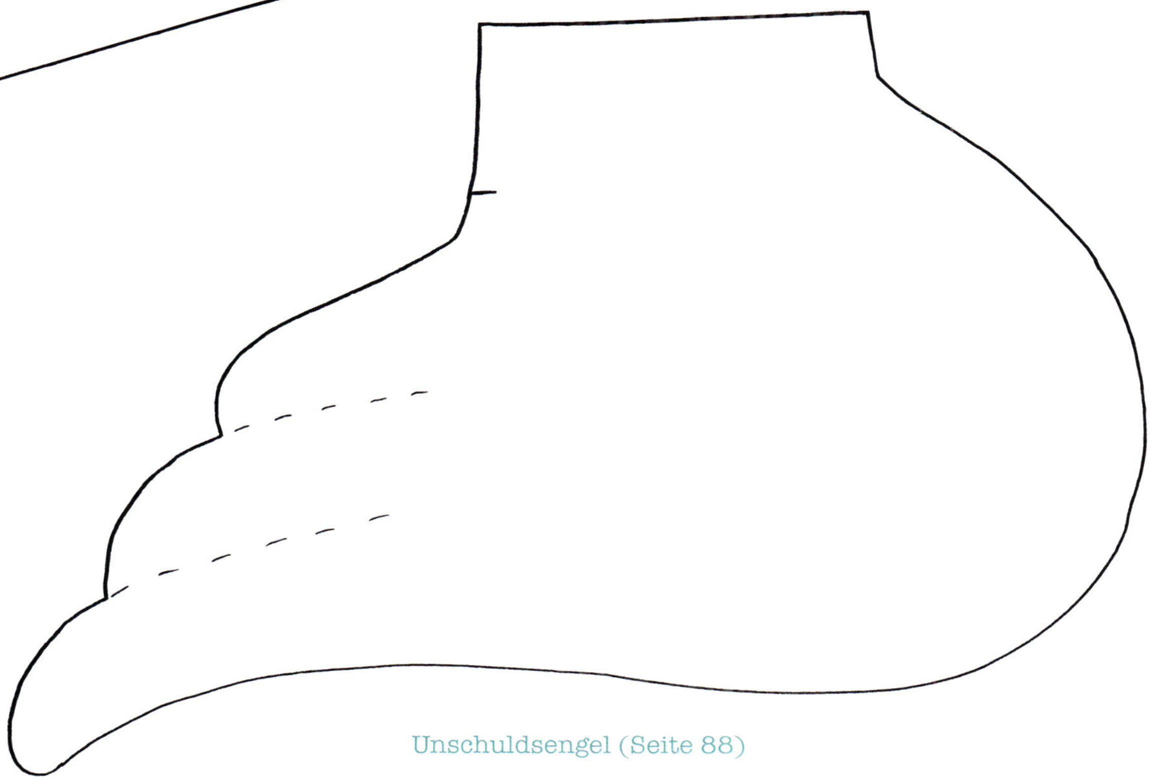

Unschuldsengel (Seite 88)

Vorlagen

Fingerpuppen-Krippe (Seite 86)

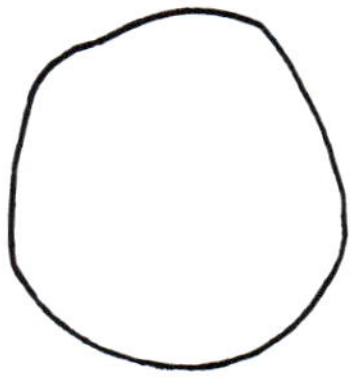

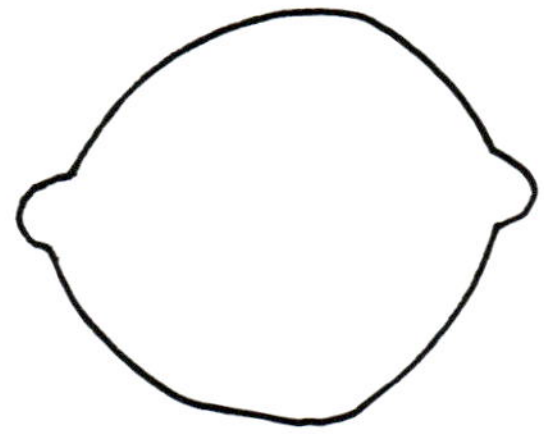

Mr. Rudolf Rentier (Seite 90)

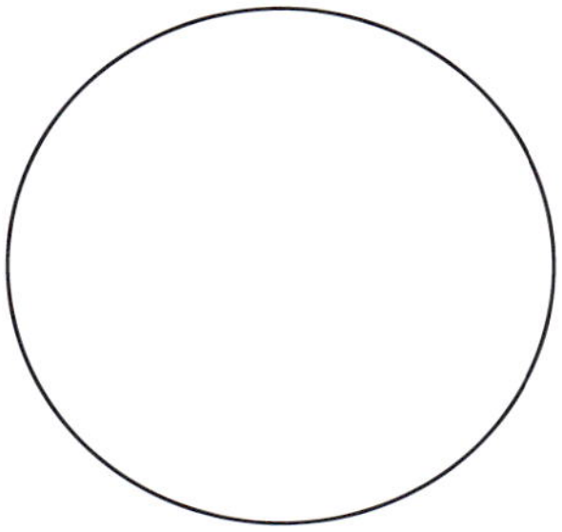

Glücksklee-Seifenblasen
(Seite 96)

Konfetti-Kanone
(Seite 94)

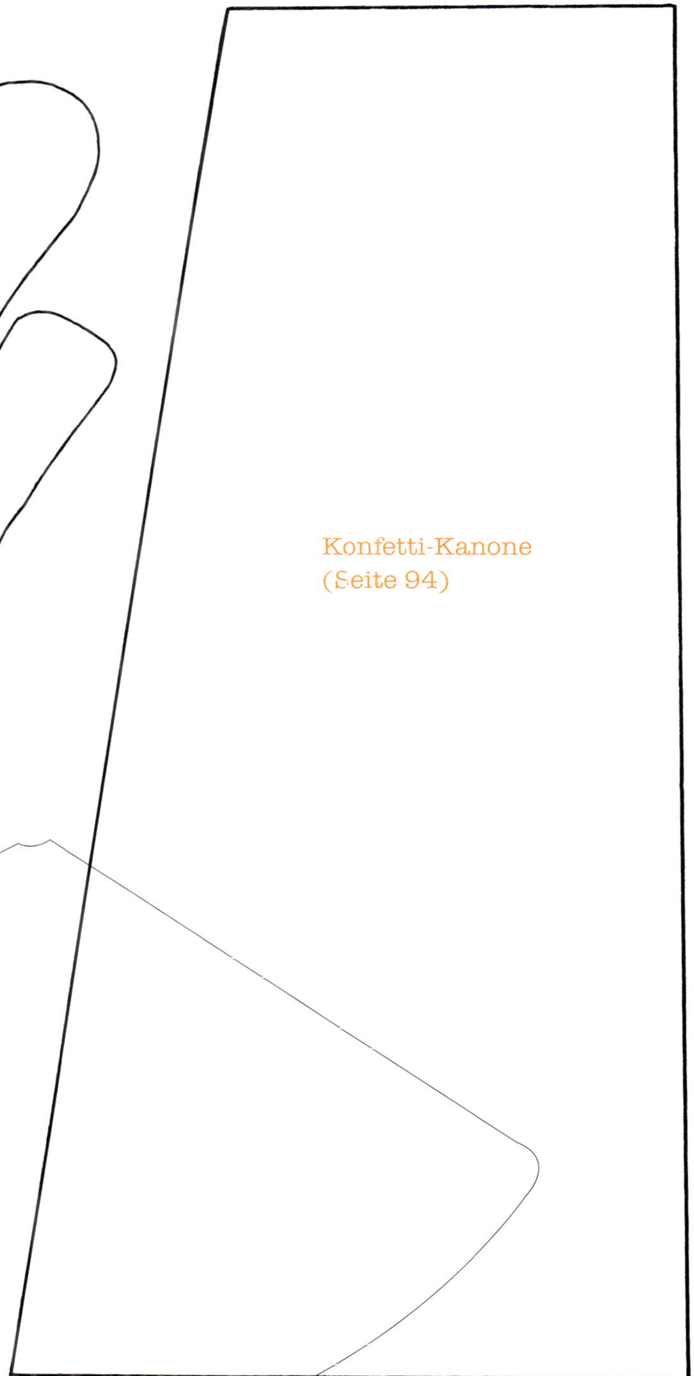

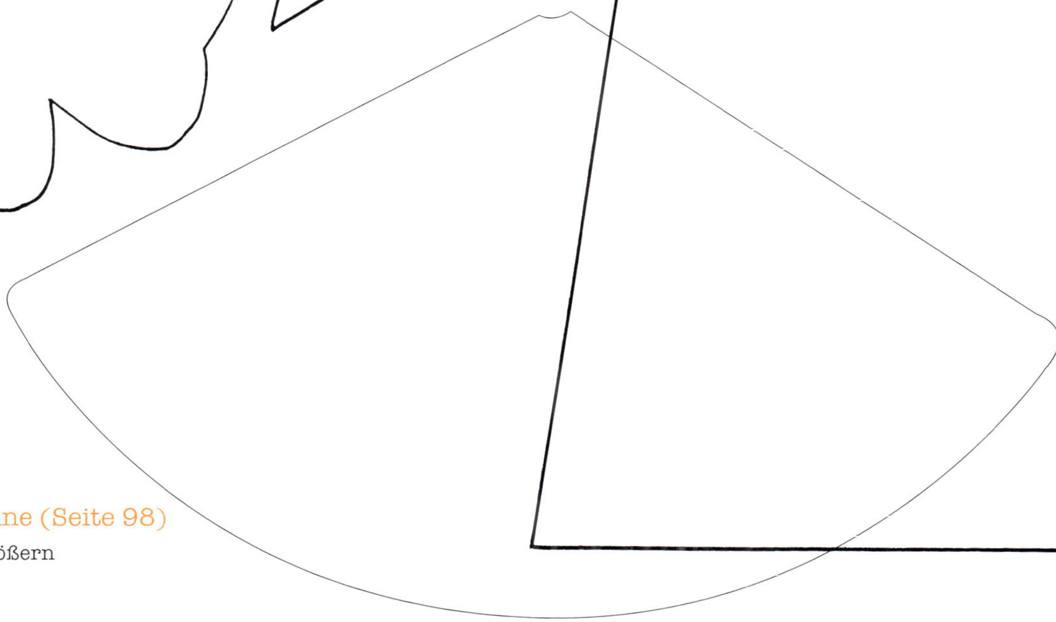

Hütchen in Feierlaune (Seite 98)

Vorlage auf 200 % vergrößern

Buchtipps

Basteln in der Weihnachtszeit

Groß und Klein, alle lieben es, in der Weihnachtszeit zu basteln. Ob Geschenke oder Dekorationen für das eigene Zuhause, ganz einfach oder anspruchsvoll, aus Papier oder im Materialmix, in unseren Büchern ist für jeden etwas dabei.

TOPP 5732-6

TOPP 5836-1

TOPP 5901-6

TOPP 5747-0

TOPP 5749-4

TOPP 5575-9

TOPP 5598-8

TOPP 5766-1

TOPP 5837-8

TOPP 3997-1

TOPP 3930-8

TOPP 3993-3

TOPP 5166-9

TOPP 5838-5

TOPP 5839-2

Dank

Das Öffnen der Pakete folgender Firmen war jedes Mal wie Weihnachten für mich. Einen ganz herzlichen Dank an die Firmen Heyda (Heilbronn), Rico Design (Brakel), Efco (Rohrbach), Rayher (Laupheim), Knorr-Prandell (Lichtenfels) und RBV Birkmann (Halle in Westfalen) für die wunderbare Unterstützung!

Weihnachten im Mai zu feiern hätte ohne Olivia, Oskar, Felix, Emil, Ida, Katha, Michael und Angela nur halb so viel Spaß gemacht. Vielen Dank euch allen!

Impressum

Fotos: frechverlag GmbH, 70499 Stuttgart; lichtpunkt, Michael Ruder, Stuttgart
Layout, Satz und Illustrationen: Melanie Dahmen
Produktmanagement: Angela Vornefeld
Lektorat: Alice Hörnecke und Angela Vornefeld
Druck: Neografia, Slowakei

Auflage:	5.	4.	3.	2.	1.
Jahr:	2016	2015	2014	2013	2012

ISBN: 978-3-7724-5767-8 Best.-Nr. 5767

Unser Service für Sie:

Wenn Sie Fragen zu den Anleitungen in diesem Buch haben, schreiben Sie einfach eine E-Mail an: mail@kreativ-service.info. Wir helfen Ihnen gerne weiter.

Autorin

Pia Deges hat schon auf vier verschiedenen Kontinenten Weihnachten gefeiert, besitzt die weltgrößte Sammlung bunter Weihnachtsbaumkugeln und weiß schon im August, wer welche Weihnachtsgeschenke bekommt.

Obwohl sie Film- und Fernsehwissenschaften studiert hat und fürs Fernsehen textet, schaut sie selber so gut wie nie fern. Lieber werkelt sie mit Stoff, Papier, Schere und viel Kleber vor sich hin. Deshalb ist Weihnachten auch ihr absolutes Lieblingsfest! Geschenke verpacken, Tannenbaum schmücken und Zimtsterne backen ist ganz nach ihrem Geschmack. Geschenke bekommen natürlich auch.

Sie lebt mit ihrer Familie in Essen.